LK7 10348

L'INDICATEUR

DE VICHY.

L'INDICATEUR

DE VICHY,

Par J. Brossard,

Licencié ès-lettres, docteur en médecine et professeur de philosophie.

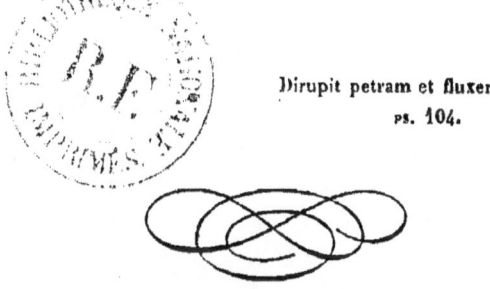

Dirupit petram et fluxerunt aquæ.
ps. 104.

CUSSET,

Imprimerie et Lithographie de Mme Jourdain.

1848.
1849

A MON FILS BIEN-AIMÉ,

Philibert-Joseph,

En témoignage de mon affection.

J. BROSSARD.

PRÉFACE.

Ne perdons pas le temps, dit un bon proverbe; car la vie en est faite.

C'est pourquoi j'ai rédigé, à la hâte, dans mes loisirs, et souvent entre deux verres d'eau, ce PETIT MANUEL. Il est facile de faire mieux, mais je l'ai rédigé comme j'aurais voulu qu'on l'eût fait pour moi.

Rien n'est fatigant, pour l'étranger, comme l'ignorance des lieux qu'il doit habiter pendant un mois. Mon travail lui servira d'Indicateur; il pourra se faire une idée de notre richesse hydrologique, se diriger seul dans ses excursions à l'intérieur et à l'extérieur de Vichy, connaître la composition chimique de ses eaux dont le nom n'est pas même inscrit au-dessus de chaque source.

SOUVENIRS HYDROLOGIQUES.

1848.

Dirupit petram, et fluxerunt aquæ.
ps. 104.

CHAPITRE PREMIER.

Des Eaux en général.

Quand on aborde une science pour la première fois, quand on arrive dans une localité jusqu'alors inconnue, on ne voit qu'une masse confuse, qu'un tout obscur où l'on ne peut pas s'orienter. Il ne faut pas *voir* seulement, il faut *regarder*, donner son attention, s'attacher successivement aux diverses parties de ce tout, les distinguer, puis les étudier à part. En un mot, il faut les *analyser* pour en constater les différences, pour en saisir plus tard l'ensemble et se constituer momentanément une synthèse lumineuse et satisfaisante.

Conditions pour apprendre.

Quand toutes les parties sont connues, les rapports de contiguïté, d'ordre, de localité s'établissent d'eux-mêmes; l'esprit conçoit et saisit la totalité, c'est un vrai *fiat lux* : ce sont ces *rapports* ou ces *relativités* qui constituent le savoir, *scire*; alors la science commence et procède avec sécurité. L'esprit passe des faits aux lois, des parties au tout, comme il descend du tout aux parties, du général au particulier.

Il n'y a pas d'autres moyens pour apprendre et pour arriver à *ce qui est* dans l'ordre physique, intellectuel et moral.

L'autorité qui a si long-temps entravé les progrès des connaissances humaines a perdu son prestige et son crédit. Il faut voir par soi-même, comparer les faits acquis, les classer comme ils se présentent et ne pas leur substituer des idées factices, des préjugés d'éducation ou de nationalité.

J'en conclus avec assurance que les sciences ou le savoir n'ont pas d'autres procédés que des observations bien faites, constantes et toujours identiques. Telle est l'unique route qui conduit à la certitude, ce point culminant vers lequel notre esprit aspire pour se reposer dans la vérité. C'est là tout le secret de la méthode scientifique de Bacon et de Descartes, méthode qui, quoi qu'on en dise, a changé la face du monde dans l'espace de deux siècles.

Voilà pourquoi les personnes qui n'ont pas vu un fait, une localité, s'en forment une fausse image et se font des idées *accommodées* à ce qu'elles savent déjà, à ce qu'elles ont vu ou senti antérieurement. Leur étonnement, quand la réalité se présente, n'est autre chose que l'opposition perpétuelle qu'elles saisissent entre ce qui est et ce qu'elles s'étaient faussement représenté. Les objets changent alors d'aspect; ils perdent de leur exiguité, de leur forme, de leur grandeur pour se daguerréotyper dans l'esprit.

J'ai le droit maintenant de vous demander quelle image vous vous faites de Vichy, de sa position, de son sol, de ses magnifiques établissements nationaux, de ses luxueux hôtels, de ses sources alcalines, de sa population flottante, bigarrée, dansante, goutteuse, obstruée, graveleuse, calculeuse, claudicante, paralytique, ankilosée, rhumatisante, etc.? Quels effets produisent ses eaux sur l'organisme humain ? Quelle est leur qualité, quantité, volume, température, odeur, saveur?......

Voilà bien des questions pour lesquelles vous ne devez point avoir de réponse. Je vais tâcher de répondre pour vous, de rectifier vos *idées d'accommodation*, moi qui suis imprégné, saturé de ces eaux merveilleuses par mes surfaces internes et externes.

Sans vouloir vous faire un cours d'hydrologie, il faut bien que je prenne les choses *ab ovo* pour me faire comprendre; c'est à peu près vous dire ce que vous savez déjà. Mais le touriste est causeur, et la loquacité est le côté faible des oisifs et des languissants. Prenez, s'il vous plaît, votre parti, ou tournez le feuillet.

Eau commune.

L'eau, *udor* des Grecs, *aqua* des Latins, est une substance si commune, qu'au premier abord, son étude paraît presqu'inutile. Qui ne connaît pas en effet son usage dans l'économie domestique, dans les arts, la médecine, l'agriculture, etc.? Ce liquide occupe un si grand espace sur notre globe, et joue un si grand rôle dans la nature, qu'il figurait jadis parmi les *quatre éléments*. C'était alors un *corps simple* qui entrait en composition d'un grand nombre de corps.

Le vieux Ionien *Thalès* en fit même l'élément générateur de toutes choses. Selon lui, l'eau est tout et partout. L'air n'est plus que de l'eau raréfiée, et la terre que de l'eau condensée.

Mais la chimie moderne qui nous a révélé un monde nouveau par ses savantes analyses, est venue donner un démenti formel au philosophe de Milet. Elle a prouvé irrévocablement que l'eau était composée de deux éléments, *hydrogène* et *oxigène* dans le rapport de 1 à 2 en volume, et de 11 à 89 en poids, sans autres principes élémentaires. De là, son nom chimique d'après la nomenclature : *protoxyde d'hydrogène*. On sait qu'elle est 850 fois plus pesante que l'air.

Prise à la surface ou dans le sein de la terre, c'est un liquide transparent, insipide, inodore, jamais pur. Elle contient en solution ou en suspension une quantité variable de substances étrangères. Elle s'offre à nous sous trois formes distinctes : à l'état solide ou de glace; à l'état liquide et à l'état de fluide élastique, de gaz ou de vapeur. Elle peut, dans ce dernier cas, prendre un volume 1,700 fois plus considérable. Sous ce rapport, vous savez qu'elle est devenue de nos jours une puissance terrible entre les mains de l'homme; elle l'a rendu maître du temps et de l'espace.

On peut ranger l'eau sous l'une de ces trois formes quand elle nous apparaît à l'état de brouillard, de rosée, de pluie, de neige ou de grêle. Elle se charge facilement des principes avec lesquels elle se trouve en contact dans les lieux qu'elle parcourt ou les lieux où elle séjourne. Elle contient divers sels, le sulfate et l'hydrochlorate de soude, de chaux et des matières organiques plus ou moins corrompues. Dans cet état d'impureté, elle dissout incomplètement le savon et cuit difficilement les légumes; elle peut alors compromettre la santé et la vie de ceux qui en font usage, tandis que les eaux dites *minérales* ou *médicinales* produisent des effets salutaires.

Chacun sait aujourd'hui que pour débarrasser les eaux des marais, des puits et des étangs, des matières animales et végétales dont elles sont chargées, il faut recourir à la filtration ou à la distillation, et, dans ce dernier cas, il faut, pour la rendre potable, lui rendre, par l'agitation, l'air qu'elle a perdu; autrement elle serait lourde et de digestion difficile.

Eaux minérales.

On appelle au contraire *eaux minérales* ou mieux *médicinales*, les eaux qui sortent naturellement du sein de la terre, mais chargées de substances étrangères minérales qui leur donnent une saveur particulière, agissent puissamment sur l'organisation de l'homme et modifient plus ou moins sa vitalité.

Le hazard qui a fait tant de découvertes fit d'abord connaître leurs propriétés médicinales; l'expérience vint les constater, la superstition s'en empara ensuite pour en consacrer l'usage et en vanter les merveilleux effets. La science s'arrêtait là, et il fallut bien des siècles pour arriver, de ces simples observations, aux savantes analyses de notre époque.

Quel est l'homme qui, à l'aspect de ces sources jaillisantes, chaudes, gazeuses, bouillonnantes, ne se soit demandé d'où peuvent venir ces eaux qui conservent invariablement leur volume, leur température et leurs propriétés? Les alternatives de l'hiver et de l'été, des pluies et des sécheresses nous les montrent toujours les mêmes et depuis bien des siècles. Il ne faut rien moins qu'une grande perturbation dans notre globe, un violent tremblement de terre pour en changer le volume et la température.

On conclut de là, et avec raison, que les eaux minérales ne peuvent venir que des chaudes et profondes cavités de la terre. Les physiciens admettent tous aujourd'hui que notre planète a été primitivement liquide, comme le prouve sa forme sphéroïdale; elle s'est, avec le temps, refroidie à sa surface, mais elle a conservé à l'intérieur sa première incandescense. Ce fait est mis hors de doute par les variations du thermomètre à mesure que l'on descend dans l'intérieur du globe, par exemple dans les mines les plus profondes qui cependant ne s'étendent guère qu'à trois quarts de lieue.

La terre, liquide et brûlante à son centre, ne s'est refroidie qu'à la surface qui s'est lentement consolidée. C'est de cette croûte que jaillissent nos eaux ordinaires par suite de l'infiltration des pluies. C'est sur cette même croûte figée, solidifiée, plus ou moins épaisse, que vivent les êtres organisés, les animaux et les végétaux, que l'homme, ce roi de la nature, promène ses folies, bâtit des villes, constitue des empires qui naissent et meurent sous la faulx du temps.

La peur me prend quand je songe que je foule une pellicule qui peut se fendre, s'ouvrir à la suite d'une crise intraplanétaire, et engloutir des populations entières. Avec cette crainte et cette théorie, il est facile d'expliquer l'origine des volcans et des tremblements de terre.

Si l'on se représente ces vastes cavités terrestres contenant des masses immenses de liquides bouillants, on conçoit que les gaz qui s'y développent doivent exercer à la partie supérieure de ces eaux une incalculable pression qui, agissant sans cesse, les forcent à s'échapper par les points les moins résistants et à sourdre à la surface de la terre; et comme la cause agit toujours, l'effet est permanent : ce sont de véritables puits artésiens.

Ces gaz tendent d'un côté à soulever l'enveloppe terrestre, et de l'autre à comprimer les liquides qui les produisent. Si la croûte du globe résiste à cette force d'expansion, c'est un infernal bruissement, d'épouvantables borborygmes dans les entrailles du globe; c'est le tremblement de terre. Si, au contraire, la croûte cède, s'entr'ouvre, c'est le jaillissement impétueux, torrentiel du volcan.

Telle est l'opinion admise aujourd'hui par les géologues, et tous les faits viennent la confirmer.

Origine des Eaux minérales.

Reste à savoir d'où viennent ces eaux centrales du globe. Seraient-ce les eaux de pluie qui, en parcourant lentement l'écorce de la terre alimentent ces vastes bassins et nous reviennent ensuite avec un haut degré de chaleur? Mais alors, nos sources minérales, semblables aux sources ordinaires, seraient plus ou moins abondantes, selon que les années seraient sèches ou pluvieuses; or, c'est un fait que l'on n'a point encore observé : leur quantité reste à peu près invariable.

Il faut alors supposer que les eaux de la mer communiquent avec ces fourneaux permanents, et conservent leur volume par une perpétuelle alimentation. C'est ce que rien ne démontre, mais ce que permet de supposer une déduction très-rationnelle. Ce n'est pas une certitude, mais une probabilité que rien ne peut détruire.

Pour se rendre compte de la composition chimique des eaux minérales, il faut admettre *a priori* qu'il existe dans les profondeurs du globe des masses de substances salines, une chaleur permanente et une prodigieuse quantité d'acide carbonique.

Que l'on juge de l'inconcevable laboratoire de la nature par l'immense quantité de sels, d'eau et de gaz que versent sans cesse nos sources minérales !

Prenons, pour base de notre calcul, Vichy seulement. Ses sept sources donnent, par jour, 259 mètres cubes, et chaque mètre cube environ 30 livres (15 kilogr.) de matières diverses. En multipliant ces deux nombres l'un par l'autre on obtient 3,885 kilogr. par jour, ou 1,418,025 kilogr. de matière solide par année.

Remontez par la pensée à l'époque où César vint soumettre la Gaule et se baigner dans les eaux de Vichy; ajoutez les siècles antérieurs pendant lesquels ces sources coulaient comme aujourd'hui, et vous resterez étonné de cet immense produit.

Essayez de joindre à ces sept sources, qui ne sont qu'un point sur la terre, toutes celles qui s'épandent dans toute la France, dans toute l'Europe, dans le monde entier, et vous serez stupéfait sur la cause de cet incalculable transport de liquide et de matières salines du centre à la surface de la terre!

L'analyse des eaux minérales est l'une des plus belles découvertes de la chimie moderne. Elle ne se contente plus, comme autrefois, de les juger par leur transparence, leur odeur, leur saveur et leur température. Elle est parvenue à séparer et mesurer la quantité relative des diverses substances qui les constituent.

Pour prouver l'exactitude de ces analyses, il faudrait, par une synthèse complète, pouvoir reproduire un mélange qui aurait les *mêmes propriétés* physiques, chimiques et médicales. Or, la science n'est pas arrivée à ce degré de perfection. Nous avons trouvé ce que nos prédécesseurs ne soupçonnaient pas, comme nos successeurs trouveront ce que nous sommes loin de soupçonner : ainsi marche la science humaine.

C'est sur cette décomposition chimique qu'est fondée la préparation des eaux minérales *artificielles* ou *factices*. Mais il existe dans les eaux fournies par la nature un principe *inimitable*, c'est cette matière inconnue, végéto-animale, que nous appelons *glairine* ou *barégine*, parce qu'elle est abondante dans les eaux minérales de Barège. Cette substance pseudo-organisée, onctueuse, verdâtre, surnage en abondance dans certaines eaux thermales, surtout dans la grande source du bassin de l'hôpital de Vichy. Cette matière azotée joue un rôle important dans la nature de ces eaux. Elle a été considérée comme une plante par plusieurs botanistes; elle porte même différents noms dans leur nomenclature, *tremella thermalis*, *conferva thermalis*, *fucus thermalis*, *tremella reticulata*, etc.

Malgré notre impuissance à reproduire cet élément, et bien d'autres qui nous échappent, certains spéculateurs placent leurs produits artificiels au niveau de ceux que donne spontanément la terre ; c'est tout simplement substituer l'obscure officine d'un apothicaire aux mystérieuses opérations de la nature.

Classification des Eaux minérales.

La classification des Eaux minérales est fondée sur leur *température* et sur la prédominance de leurs *principes minéralisateurs.*

Sous le rapport de la température, elles sont chaudes ou *thermales*; alors on les emploie en bain et en douche dans les affections cutanées, les névroses et les douleurs rhumatismales *froides* et gazeuses ou non, elles sont moins actives. On les prend en boisson, comme rafraîchissante ou excitant doucement les appareils digestifs ou urinaires.

Comme contenant certains principes dominants, on les a distribuées en *quatre classes* :

EAUX Salines ;
— Gazeuses ;
— Ferrugineuses ;
— Sulfureuses.

Cette classification n'est pas très-exacte ; car telle eau peut être à la fois ferrugineuse et sulfureuse, ou saline et acidule.

1° Les eaux *salines* doivent leur nom aux différents sels qui entrent dans leur composition et qui leur donnent une saveur alcaline, piquante ou légèrement acidulée. Ces sels les plus communs sont le carbonate, sulfate et hydrochlorate de soude et de magnésie ; le carbonate de fer, de chaux et de l'acide carbonique ; thermales ou froides elles sont plus pesantes que les autres eaux, cuisent mal les légumes, etc. Elles ont la propriété de se conserver long-temps, ce qui permet de les transporter au loin.

Elles sont amères et *purgatives* quand le sulfate de magnésie est très-abondant *salées* quand domine l'hydrochlorate de soude *alcalines* quand elles sont riches en carbonate de soude, uni à une forte quantité d'acide carbonique. On les appelle alors d'un nom composé *alcalino-acidules*.

Parmi les salines *chaudes*, on compte en France Plombières (Vosges); Luxeuil (Haute-Saône); Bourbon-Lancy (Saône-et-Loire); Chaudes-Aigues (Cantal); Balaruc (Hérault); Aix-en-Provence; Bagnères (Hautes-Pyrénées); Néris (Allier), etc.

Les salines *froides* sont plus rares; c'est Château-Salin (Meurthe), et, hors de France, Sedlitz et Seydchutz (Bohême); Epsom (Angleterre, à 7 lieues de Londres).

2° Eaux *gazeuses-acidules*; ce sont celles où domine le gaz acide carbonique. Nombreuses et de température différente, elles sont remarquables par leur saveur aigrelette et les bulles qui s'en dégagent quand on les agite. Elles bouillonnent à l'approche des orages, parce que la pesanteur de l'air venant à diminuer, le gaz se dégage plus facilement.

Elles renferment aussi plusieurs sels, tels que les carbonates de soude, de chaux, de magnésie, l'hydrochlorate de soude, le sulfate et carbonate de fer. La présence de ces différents sels leur donne une certaine affinité avec les eaux salines, mais ce qui les distingue, c'est une *grande abondance* d'acide carbonique qui fait leur principale propriété médicamenteuse.

Comme les précédentes, elles sont rafraîchissantes, purgatives et diurétiques. Elles conviennent dans les affections chroniques des voies digestives, les flatuosités, les engorgements du foie, de la rate, des viscères abdominaux, la gravelle et les calculs, etc.

On compte dans cette série, et comme *thermales*, les eaux du Mont-Dore (Puy-de-Dôme), Vichy et Bourbon-l'Archambault (Allier), Châteauneuf et Chatel-Guyon (Puy-de-Dôme), Dax (Landes), Saint-Alban (Loire), etc.

Et comme *froides*, Pougues (Nièvre), St-Myon, Châteldon et Vic-le-Comte (Puy-de-Dôme), Montbrison et St-Galmier (Loire), Langeac (Haute-Loire), etc.

3° Eaux *ferrugineuses* : ces eaux, *froides* ou *thermales*, sont faciles à distinguer par leur saveur styptique, astringente et métallique, sans odeur particulière. On les appelle *martiales* parce que le fer qui en fait la base était consacré au dieu *Mars*. A peine sorties de la terre, elles déposent un sédiment rougeâtre qui est de l'oxide de fer.

Elles renferment encore des carbonates de chaux, de soude, de magnésie et du gaz acide carbonique ; alors on les appelle *acidulo-ferrugineuses*.

Les ferrugineuses *thermales* se trouvent à Rennes-les-Bains (Aude), Saint-Marc (Puy-de-Dôme), Vals (Ardèche), et, hors de France, Tœplitz et Carlsbad (Bohême).

Les *froides*, à Passy (près de Paris), à Forges et Aumale (Seine-Inférieure), Bussang et Contrexeville (Vosges), Provins (Seine-et-Marne), Cransac (Aveyron), et plusieurs autres peu fréquentées; hors de France, on doit citer Spa, à six lieues de Liège, et Pyrmont (Westphalie).

Essentiellement toniques et astringentes, ces eaux sont employées avec succès dans le relâchement des membranes muqueuses, l'aménorrhée, leucorrhée, chlorose, etc.

4º **Eaux** *sulfureuses* : elles sont faciles à distinguer par leur odeur d'œufs pourris, leur onctuosité et leur odeur repoussante. Froides ou chaudes, elles doivent leurs propriétés à l'hydro-sulfate de soude et au gaz hydrogène sulfuré. Elles noircissent les métaux blancs, le plomb, l'argent, etc.

Les eaux sulfureuses sont presque toutes chaudes ou thermales. Elles produisent les plus heureux effets dans les éruptions cutanées et lymphatiques, les diverses espèces de dartres, les affections anciennes de la poitrine, les rhumatismes chroniques, etc.

Les plus célèbres, en France, sont celles de Barège (Hautes-Pyrénées), Bonnes et Cauterets (Basses-Pyrénées), Bagnères-de-Luchon (Haute-Garonne), Evaux (Creuse),

St-Amand (Nord), Gréoulx (Basses-Alpes), Arles (Bouches-du-Rhône), etc.

Hors de France, on compte plusieurs sources très-fréquentées, à saveur nauséabonde et à température très-élevée, comme Aix-la-Chapelle, à huit lieues de Spa, douze de Cologne (Prusse), Loëches, dans le Valais; Bade (Suisse, quatre lieues de Zurich), Bade (Souabe, huit lieues de Strasbourg), Bade, en Autriche, à six lieu de Vienne; Wisbaden, à deux lieues de Mayence; Aix-en-Savoie, (douze lieues de Genève, deux de Chambéry).

Les sulfureuses froides doivent être chauffées, et les baignoires, pistons, corps de pompes et robinets sont en zinc, parce qu'elles altéreraient tout autre métal. Nous ne citerons que les eaux d'Enghien (Seine-et-Oise, près de Montmorency), Uriage (Isère, deux lieues de Grenoble), et Laroche-Posay (Vienne).

Il faut ajouter à toute cette richesse hydrologique la reine des eaux, la mer, qui occupe les deux tiers du globe.

Eau de mer.

L'eau de mer est une véritable *eau minérale saline*, *froide*. Elle est très-active et abondante en hydrochlorate de soude (sel de cuisine), qu'on en retire en grand, et en plein air, par évaporation.

La salure de la mer est très-variable, ainsi que les divers principes qu'elle renferme, selon le degré de latitude, la profondeur et le voisinage des grands fleuves. L'eau de mer offre une saveur salée, amère, nauséabonde, sans odeur; transparente, incolore dans des vases; mais en masse sa couleur varie; elle est verte, bleuâtre ou grisâtre, selon qu'elle est calme ou agitée, que le ciel est pur ou nuageux.

Sa pesanteur, sa température, dépendent de la quantité de substances salines qu'elle tient en dissolution et de ses divers rapports avec l'équateur.

Sa phosphorescence a quelque chose d'effrayant au premier aspect. Les navires, dans la rapidité de leur marche, sont suivis d'une raînée lumineuse sans cesse épuisée et toujours renaissante. Les baigneurs, dans l'obscurité des chaudes soirées, paraissent plongés dans une mer de feu quand ils battent l'eau ou la déplacent brusquement.

C'est surtout entre les tropiques que ce phénomène apparaît dans toute sa splendeur; il se produit dans tout l'Océan, mais avec moins d'intensité à mesure que l'on s'approche des pôles. Quelle est la cause de cette lumière fugitive? Qu'est-ce qui produit ces aigrettes lumineuses, ces nappes de feu dans les ondulations de la mer? Les uns en cherchent la cause dans l'électricité, les autres dans la prodigieuse quantité de mollusques et de zoophytes qui tapissent le fond des eaux. Ceux-ci l'attribuent à la présence des différents sels marins; ceux-là, à la putréfaction des débris organiques, des animalcules et des plantes marines.

On ne peut refuser une certaine influence à chacune de ces causes; ce n'est pas à l'une d'elles exclusivement qu'il faut attribuer cette phosphorescence, mais à leur ensemble, quand elles se combinent et agissent spontanément. Ce qu'il y a de vrai, c'est que l'effet diminue quand on a filtré plusieurs fois l'eau de mer et que son intensité varie selon que l'atmosphère contient plus ou moins d'électricité.

L'eau de mer qui baigne les côtes occidentales de la France contient, dans l'ordre de leur prédominance, les substances suivantes : hydrochlorate de soude, sulfate et hydrochlorate de magnésie, carbonate de chaux et de magnésie, sulfate de chaux, un peu d'iode et quelques légères parties d'acide carbonique.

L'eau de mer, en tant qu'elle tient ces sels en dissolution, est donc une véritable *eau minérale saline très-active*; elle n'est pas potable, et la science n'est pas encore parvenue à la débarrasser des divers éléments qui la composent. Elle reste alors avec toutes ses propriétés médicinales; on la prend à l'intérieur en boisson, et à l'extérieur en bain.

Dans le premier cas, elle provoque le vomissement et purge violemment en irritant les intestins. A petite dose, on l'emploie dans les scrophules, les engorgements du bas-ventre, de la rate, du foie, etc.

C'est à l'extérieur que l'on administre le plus ordinairement les eaux de la mer, en bains, en douches et en lotions. Je sais, par moi-même, les effets qu'elles produisent sur l'organisation. Leur usage un peu prolongé cause un prurit incommode à la peau; elles facilitent la circulation et la digestion, fortifient les mouvements articulaires et excitent un violent appétit.

Les bains les plus fréquentés sont ceux de Dieppe (Seine-Inférieure), célèbres par le luxe de leurs établissements; Boulogne-sur-Mer (Pas-de-Calais), si ravissant par ses points de vue, son commerce et ses belles campagnes; Larochelle (Charente-Inférieure), qui attire, chaque année, une foule d'hommes éminents, de femmes célèbres, par ses concerts, ses bals et la douceur de son climat.

Telle est l'action des diverses eaux minérales de la France, et les principes constituants qui les caractérisent. Acceptons les services qu'elles nous rendent, même quand la cause de leurs propriétés échappe à nos recherches. Cela vaut mieux que de se jeter dans des hypothèses qui n'expliquent rien. Voudriez-vous admettre, avec le docteur Bullmann et quelques religieux géologues allemands, que le globe est doué d'une certaine vitalité et que les eaux minérales ne sont que les sécrétions de ce grand être organisé ? Cette explication, fort commode, dispenserait de toute théorie. Alors, pourquoi ne pas dire, avec les anciens, qu'une divinité tutélaire préside à la garde de chaque source minérale et conserve leurs propriétés curatives? Cette supposition serait plus poétique que la première.

Soixante et quinze départements nous offrent des eaux plus ou moins recommandées. Quatre-vingt-dix sources possèdent des établissements *nationaux* ou *communaux*, avec des médecins-inspecteurs chargés de diriger les malades.

Hygiène.

Les eaux minérales, prises à leur source, ont un puissant auxiliaire, c'est l'*hygiène* dont il faut admettre l'influence, mais sans l'exagérer. Le scepticisme de quelques détracteurs est allé jusqu'à nier l'action des eaux; ils n'attribuent leurs propriétés curatives qu'aux *distractions* qu'elles fournissent aux malades. Cette incrédulité, d'où qu'elle vienne, de l'ignorance ou des préventions, ne peut tenir devant l'expérience de chaque jour, et les heureux effets que produisent ces eaux ne peuvent être attribués exclusivement au changement d'air, d'habitude et d'alimentation.

Nous admettons que l'action des eaux est puissamment aidée par le mouvement, les distractions et les plaisirs incessants que présentent nos établissements publics. Le malade a quitté ses affaires, son cabinet, sa profession, l'air vicié des manufactures, toutes les préoccupations de sa position sociale. Affranchi de toute contrainte, il s'agite sans cesse dans sa liberté et prépare aujourd'hui les plaisirs du lendemain. Il y a trêve pour les pensées tristes, les déceptions amères, les spéculations malheureuses et les espérances déçues. C'est un nouveau monde, une société mouvante, originale, dont les ridicules et les prétentions sont commentés, colportés avec une maligne complaisance. Toutes ces circonstances, nous l'avouons, concourent à la guérison des malades; elles préparent et secondent efficacement la puissance des eaux médicinales, mais elles ne peuvent la remplacer.

Est-ce donc la beauté des sites, la légèreté de l'air, les distractions enfin qui guérissent les rhumatismes, les tumeurs blanches, les douleurs articulaires, les plaies invétérées, les concrétions urinaires, les dartres et les affections chroniques de l'appareil digestif?

Nier les propriétés des eaux minérales, c'est se mettre en opposition avec le témoignage de l'antiquité et des temps modernes; c'est résister aux faits les mieux constatés, à *la déposition* même de ceux qui déclarent y avoir trouvé un soulagement ou une guérison que les remèdes pharmaceutiques n'avaient pu procurer.

Les peuples anciens croyaient comme nous à l'efficacité des eaux minérales; c'était un remède familier aux Grecs et aux Romains qui attribuaient leurs heureux effets à un dieu protecteur. Faut-il vous rappeler la piscine de *Siloë* à Jérusalem, et l'effet de ses eaux? « *In his jacebat multitudo magna lan-*

guentium, claudorum, aridorum..... » (Evang. saint Jean, chap. 5 et 9.)

Ne sait-on pas que les Romains, maîtres de la Gaule, cherchèrent avec persévérance ses sources thermales; ils les préféraient aux eaux froides, parce que, plus actives, elles agissaient plus vivement sur l'organisme. Ils ont laissé des souvenirs précieux à Aix-en-Provence, à Néris, Bourbon-l'Archambault, le Mont-Dore et près des diverses sources des Alpes et des Pyrénées. On y trouve de vestiges qui portent encore l'empreinte de la grandeur de ce peuple dans l'exécution de ses monuments.

Depuis Charlemagne qui fit construire les vastes bassins d'Aix-la-Chapelle, les rois et les princes de notre pays s'honorèrent par les travaux qu'ils firent exécuter pour la conservation et l'embellissement de quelques sources minérales. C'était le moyen d'y attirer les malades et de constater en même temps les services qu'ils avaient le droit d'en attendre.

Ce n'est qu'au XVIIe siècle que l'académie des sciences de Paris chargea deux de ses membres de faire l'analyse de nos eaux minérales, mais la science n'était pas encore assez avancée pour donner des résultats satisfaisants.

Claude Fouet, conseiller et médecin ordinaire du roi, intendant et maître des eaux de Vichy, publia, en 1686, un *nouveau système* des eaux minérales de cette localité. Il quitte les vieux errements de l'alchimie et se crée une théorie nouvelle; il rejette hardiment l'*autorité* écrasante des écoles de son temps et ne l'admet qu'en matière de morale et de religion. Il n'en veut plus dans l'ordre physique, et fait un appel à l'observation, à l'expérience qui, seules, doivent prononcer.

C'est un fervent disciple de Descartes qui, le premier, en 1657, avait eu l'honneur et le courage de proclamer le *libre examen*, dans sa *méthode pour bien conduire sa raison et chercher la vérité dans les sciences.*

Quoiqu'en possession des quatre tempéraments admis à cette époque, le *chaud*, le *sec*, l'*humide* et le *froid*, Claude Fouet invoque d'autres causes de nos maladies : c'est la présence de l'*acide* et de l'*alcali*. Il ajoute, comme le dernier mot de sa doctrine, que les maladies causées par l'acide sont guéries par l'alcali, *et vice versa*. Il reconnaît que les obstructions, opilations, suppressions, retenues, duretés, tensions, coagulations, concrétions sont causées par les acides et guéries par l'alcali qui neutralise et anéantit ces diverses affections

Plus avancé que ses contemporains, il cherchait comme nous cet *inconnu* des eaux thermales, ce *je ne sais quoi* qui nous échappe encore aujourd'hui. Alors c'était l'esprit *sulfureux alcalin*, *volatil*, que nous nommons gaz acide-carbonique, etc.

En 1778, le médecin Tardy, inspecteur des eaux de Vichy, tout en reconnaissant l'existence et l'action du *sel fixe* qui y domine (bi-carbonate de soude), et qui permet de les transporter au loin, invoque à son tour un *sel volatil* qui frappe l'odorat des buveurs et attire de bien loin les bœufs et les vaches qui traversent l'Allier, sans goûter de son eau, et courent se gorger à l'écoulement de nos fontaines. Il ajoute : « Ce sel volatil s'élance
» hors de sa source, et on le voit, dans un
» temps chaud et serein, pétiller et jaillir
» comme des étincelles... Si les eaux de
» Vichy charrient avec elles des parties
» volatiles, elles ne doivent pas y être inu-
» tilement ; la nature ne fait rien en vain,
» l'auteur suprême l'a fait toujours pour une

» fin....... c'est une matière éthérée, subtile,
» qui, par son affinité avec les esprits ani-
» maux (fluide nerveux), pénètre sans
» obstacle toutes les divarications des nerfs,
» tous les réduits des viscères et va leur
» donner un nouveau mouvement et une
» nouvelle vie.... mais qu'on ne s'y trompe
» pas, on ne trouve cet esprit qu'à leur
» source; c'est là seulement où il se plaît à
» manifester sa présence et ses bons effets. »

Ce ne fut qu'au XVIIIe siècle que l'on entreprit une analyse sérieuse et satisfaisante de nos sources minérales. En 1780, la chimie, sûre de ses procédés, produisit d'importantes découvertes. Il suffit de nommer les Lavoisier, les Berthollet, les Guiton-de-Morveau, les Fourcroy, les Chaptal, les Vauquelin, pour l'appréciation des analyses qui furent faites et que la science de nos jours est venue confirmer.

Pendant ces recherches physico-chimiques,

les médecins interrogeaient l'expérience, étudiaient l'action médicinale des eaux, en désignant les maladies auxquelles ces eaux convenaient ou ne convenaient pas. Cette double observation simultanée produisit les plus heureux effets. Alors on put classer nos sources froides et thermales ; les gouvernements intervinrent : on créa des médecins-inspecteurs et l'on construisit, sous les règnes de Louis XV et de Louis XVI, des établissements publics à Bourbonne-les-Bains , à Vichy, au Mont-Dore , Luxeuil , Plombières, etc.

Le flot révolutionnaire suspendit ces importantes améliorations; elles ne furent reprises que sous l'Empire et sa forte administration. Les préfets et les conseils généraux s'en occupèrent; c'était un moyen de plaire au chef de l'Empire, parce que ses soldats mutilés par des guerres gigantesques, venaient chercher soulagement et guérison aux sources minérales. Les monographies hydrologiques se succédèrent, les succès vinrent couronner les espérances de la médecine et la réputation relative des sources de l'Empire français fut confirmée; la France n'eut plus à envier celles des pays étrangers.

Aujourd'hui, grâce à la facilité des communications et aux constructions nouvelles, nos établissements thermaux sont très-fréquentés, et les eaux minérales sont à la disposition des moindres fortunes.

Les eaux ne sont pas seulement un puissant auxiliaire de la thérapeutique, un moyen sanitaire et curatif, elles sont encore une cause de prospérité publique et du bien-être des lieux qui les possèdent.

Pendant cinq mois, les malades de tout âge, de toute condition, vont et viennent, accompagnés d'un parent, d'une famille.

Les curieux surviennent, les oisifs abondent; c'est une population flottante qui répand l'argent et la vie dans des localités abandonnées, sans industrie, sans agriculture et livrées, pour le reste de l'année, aux vents et aux frimats.

Si l'on admet seulement 1,000 visiteurs aux bains de première classe, et on en compte 15, — et 1,000 à ceux de seconde classe qui s'élèvent à 25; — si l'on suppose que chaque voyageur y laisse, terme moyen, 350 francs pendant un séjour de 25 à 30 jours, on obtient le résultat suivant :

Première classe........	4,550,000f
Deuxième classe........	8,750,000
TOTAL...·.......	13,300,000f

Et si l'on ajoute à ces treize millions trois cent mille francs, les frais de route pour aller et revenir, les petites acquisitions que l'on fait dans ce déplacement; si l'on veut y comprendre les étrangers qui passent pour satisfaire leur curiosité, on peut porter à plus de quatorze millions ce mouvement pécuniaire. (*)

(*) Chaque année, il vient à Vichy, terme moyen, 3,500 malades; les personnes qui les accompagnent, les visiteurs qu'attirent la curiosité et les plaisirs, s'élèvent environ au même nombre : c'est donc une population de 7,000 voyageurs qui laissent des sommes considérables d'argent sur la place de Vichy.

CHAPITRE SECOND.

DES EAUX MINÉRALES DE VICHY.

Vichy, à quinze lieues de Clermont et de Moulins, à une demi-lieue de Cusset, est un joli bourg de 1,600 âmes, gracieusement assis dans une plaine, au centre d'un cercle de monticules ondulans, couverts de vignes et d'arbres à fruits. Le fond de ce bassin est verdoyant de saules et de peupliers entre lesquels coule mollement l'Allier dans son grand lit de sable et de petits galets.

Vichy se compose de deux parties distinctes, le vieux et le nouveau Vichy. Le vieux justifie son nom par ses maisons basses, ses rues tortueuses et très-mal pavées. C'est dans ce pacifique quartier que l'on trouve les deux institutions qui constituent la *commune*, je veux dire l'église et la mairie, l'autorité religieuse et civile, représentée par le maire et le curé.

Le nouveau Vichy s'étend en fashionable autour du grand Etablissement national des bains, étalant vaniteusement ses magasins, ses cabinets de lecture, ses hôtels avec leurs jardins fleuris. Il est fier de sa belle promenade, de ses longues allées de platanes et de ses parterres où vivent pêle-mêle les dahlias, les mufliers, les roses trémières, les pavots et les belles-de-nuit. Bref, c'est le quartier de la richesse, du grand genre, des équipages à livrées et des *beautés* un peu fanées qui viennent s'incliner devant les sept nymphes du pays.

Vous voyez déjà que Vichy n'est pas, comme vous vous l'imaginiez, un pauvre village accroupi, comme la plupart de nos bains médicinaux, dans une vallée froide et profonde, dominée, comme Bagnères et le Mont-Dore, par des montagnes escarpées et de stériles rochers. C'est un pays charmant par son climat tempéré, par la douceur de ses habitants, ses prairies, ses moissons dans la plaine et ses vignes sur tous les plans inclinés de ses côteaux.

De toutes les provinces du royaume, l'une de celles qui souffrirent le plus, dans les guerres de religion, fut le Bourbonnais et surtout Vichy qui en fait partie. Elle fut souvent le théâtre sanglant de ces luttes déplorables à cause du pont de l'Allier qui unissait le Bourbonnais à l'Auvergne. C'est probablement le pont dont parle César dans ses commentaires et qu'il traversa pour se rendre de Gergovie à Bibracte, la capitale des Eduens.

Quoi qu'il en soit, Vichy tire son nom de *vicus calidus, village chaud*; les Romains désignaient la localité qu'il occupe par *aquæ calidæ*, d'après la table théodosienne.

De César jusqu'au XIIIe siècle, son histoire est aussi obscure que la cause des propriétés de ses eaux minérales. Il faut arriver jusqu'à 1401, époque où Louis II, troisième duc de Bourbon, fit murer cette bourgade dont il fit sa demeure et une place forte. Grand fondateur d'hospices, de couvents et d'églises, il fit construire en 1402 le monastère des Célestins, sur les bords de l'Allier.

La mort qui dérange tant de projets vint

arrêter le pieux prince dans ses bonnes œuvres. Heureusement sa femme, *Anne*, comtesse du Forez, ratifia les donations de son mari, et fortifia Vichy. Elle l'entoura de fossés, de murailles et y fit élever plusieurs tours dans le goût du temps. L'une d'elles dominait les autres et sert aujourd'hui de beffroi. Elle laisse voir à son sommet découvert une grosse cloche que l'on ne met à la volée que dans les grandes fêtes religieuses et nationales.

Deux tours ruinées et l'une des trois portes cintrées de Vichy, près de la source de l'hôpital, viennent de tomber sous le marteau des niveleurs de 1848. Ils ont cru devoir faire disparaître ces vénérables restes de la féodalité que la première République avait seulement mutilés. On peut raser des édifices et détruire des monuments, mais l'imperturbable histoire, semblable à un écho, redira toujours les erreurs du passé dans l'intérêt de l'avenir.

Le beau couvent des Célestins croissait, dans une paix profonde, en richesses et en priviléges, lorsque Luther vint agiter le monde par sa réforme religieuse. Les nations divisées coururent aux armes, dernier argument de la force et de la violence. Les Célestins de Vichy eurent de rudes épreuves à subir de la part des réformés. Leur couvent fut pillé trois fois depuis sa fondation, en 1402, jusqu'à sa suppression en 1774.

Les confédérés protestans du midi, joints à ceux de l'Auvergne et du Bourbonnais, franchirent le pont de Vichy au mois de janvier 1568. Ils rencontrèrent l'armée des catholiques dans la plaine qui s'étend entre Gannat, Randan et le village de Cognat. On en vint aux mains; les catholiques furent battus, plusieurs seigneurs occis, le pays fut ruiné et le couvent des Célestins saccagé par les vainqueurs. Le seigneur de Cognat périt dans la bataille; son château et l'église du village furent entièrement brûlés.

En 1576, nouveaux désastres. Les princes allemands, venus au secours des réformés français, s'emparèrent du pont, prirent la ville qu'ils mirent à contribution et ne ménagèrent pas le couvent des Célestins. Les moines ruinés s'adressèrent à Henri III qui avait bien autre chose à faire qu'à consoler des religieux. Il leur envoya pour tout secours des commissaires chargés de constater l'état de lieux et les pertes causées par l'ennemi.

En 1590, le couvent, objet de haine et d'envie de la part des huguenots, subit encore un siége. Le capitaine Beauregard, au nom du comte d'Auvergne, vint défendre les assiégés. Ses soldats indisciplinés bouleversèrent le couvent et lui firent autant de mal que l'ennemi dont le canon avait entamé l'église. La ruine du saint lieu fut alors consommée.

Mais, d'après le proverbe, *Dieu prodigue ses biens à ceux qui font vœu d'être siens*, le monastère se releva de ses pertes et devint plus puissant et plus riche que jamais. Les rois et les princes, en expiation de leurs péchés, lui accordèrent des revenus considérables et divers priviléges. Les vilains qui venaint faire moudre leur blé au moulin du Sichon, propriété des religieux, ne payaient pas le péage sur le pont. Les moines, pour soutenir leur maison, vendaient chèrement le droit de se faire enterrer dans leur église. Ils obtinrent même, de Louis XIV, l'exemption de toute taille et impôt, et le privilége de faire leur provision de sel au grenier de Vichy sans payer de gabelle.

Bien plus, la justice du roi ne pouvait franchir le seuil du couvent; l'impunité était acquise aux criminels qui avaient le bonheur de s'y réfugier.

La prospérité du couvent était à son apogée. Claude Fouet, médecin-intendant des eaux de Vichy, écrivait, en 1686, qu'il fallait un autre crayon que le sien pour décrire les merveilles de ce riche monastère, le luxe de ses jardins, la disposition de ses hautes treilles, la beauté de ses fruits. C'était une véritable féerie, objet de curiosité et d'admiration à cette époque.

Tant de bonheur devait avoir un terme. En 1774, Louis XVI, je ne sais pourquoi, supprima moines, couvent et priviléges. Les propriétés de cette puissante institution passèrent entre les mains de l'évêque de Clermont qui servit une rente viagère aux pauvres exilés. Le dernier d'entre eux est mort à Vichy en 1802.

Pendant la révolution, le clos et le couvent furent vendus à un maître maçon qui paya en assignats. Devenu propriétaire, il fit démolir, quelques années plus tard, les bâtiments, l'église et les cloîtres pour en faire de l'argent. Les pierres servirent à la construction du grand établissement thermal et de plusieurs hôtels.

Il ne restait plus que des décombres sans profit, mais ce terrain, qui touche à la source des Célestins, devint un objet de spéculation. Plusieurs *buveurs* étrangers tentèrent d'en faire l'acquisition, pensant que, plus tard, le gouvernement en aurait besoin pour l'embellissement d'une source aussi fréquentée. On offrit vingt et vingt-quatre mille francs, somme énorme relativement à la nature et à la surface du sol. Bref, l'acquisition fut faite par M. Lardy, avocat de Cusset, au prix de vingt-six mille francs, en 1833.

Maître du terrain, le nouveau propriétaire eut à lutter contre l'Etat qui voulait acquérir à son tour. L'un voulait vendre chèrement, l'autre acheter à bon compte. M. Lardy. voulant mettre à profit la terre qu'il avait payée au-dessus de sa valeur productive, eut l'heureuse idée d'y faire percer un puits artésien de 450 pieds de profondeur, en 1845. Les eaux, mais des eaux minérales, se présentèrent à la surface de la terre; c'est ce qu'on appelle aujourd'hui la *source artésienne*. Le gouvernement, jaloux de ce succès et voulant conserver le monopole des eaux minérales de Vichy, défendit à M. Lardy de vendre les produits de sa source, en lui permettant seulement de les livrer *gratuitement* aux amateurs.

Les choses en étaient là, lorsque la République fut proclamée (24 février 1848). Le propriétaire profita de la *liberté* qui venait de surgir pour vendre et distribuer au loin ses eaux comme il lui plaît. Le gaz qui s'échappe de cette source est recueilli à l'aide d'une cloche en verre et conduit par des tuyaux dans un pavillon voisin où l'on prépare les *véritables Pastilles de Vichy et les Sels de Vichy pour boisson et bains*. Cette exploitation seule est concédée à M. F. Bru, habile pharmacien du pays, pour la somme annuelle de 1,000 francs.

Il est des droits qui, je crois, sont imprescriptibles. Chaque homme a pu et pourra toujours prendre largement sa part à l'air et au soleil. Pourquoi l'Etat, propriétaire de quelques sources, empêche-t-il un citoyen de disposer à sa manière des produits de son champ ou de son industrie? Pourquoi les Français, si exigeants en matière de liberté, ne peuvent-ils pas puiser de l'eau dans la mer sans autorisation ?

En 1856, témoin du procédé que l'on emploie dans les salines de l'Ouest pour obtenir l'hydrochlorate de soude (sel de cuisine), je me permis de prendre une bouteille d'eau marine. Je voulais savoir, en la faisant évaporer au soleil, la quantité de sel qu'un litre d'eau pouvait donner. En rentrant à la Rochelle, un agent de l'octroi me demanda ce que je portais. — Une bouteille. — Que renferme-t-elle ? — De l'eau de mer. — Pas permis, me dit le surveillant du fisc, la mer appartient à l'Etat. — Et le ciel ? — A Dieu : — à chacun sa propriété.

Ainsi, voilà *l'homme libre* qui ne peut pas plus prendre une écuelle d'eau dans l'Océan, pour saler ses aliments, que cultiver quelques pieds de nicotiane (tabac) pour ses menus plaisirs*!*

Le clos actuel des Célestins, fermé par ses anciens murs à l'est et au nord, a 220 pas de longueur sur 70 de largeur. Il produit du blé, du maïs, des haricots et des pommes de terre; quelques noyers et une petite pépinière de mûriers lui donnent un peu d'ombre, en variant sa culture. Au sud, subsistent encore les anciennes cuisines du monastère; c'est un long bâtiment aux toits aigus, aux fenêtres irrégulières. Il est construit sur le bord du rocher au pied duquel sort la source dite des *Célestins*. Il n'a pour habitant qu'un petit fermier qui y loge sa vache, ses poules et ses moutons. Telles sont les restes de sa grandeur passée!!!

Immédiatement au-dessous de ce bâtiment est une petite esplanade plantée de jeunes arbres et décorée d'un petit parterre pour la promenade des buveurs. Il y a douze ans, l'Etat fit construire, sous le rocher, le petit pavillon qui abrite la source. Ce n'est qu'en

1843 que l'on construisit le grand pavillon, trop resserré par des propriétés particulières difficiles à acquérir. Il a 36 pas sur 8, et se compose d'une antichambre, d'un vaste salon pour les hommes, et, à son extrémité, d'un petit salon pour les dames.

Son mobilier consiste en banquettes le long des murs, d'un billard un peu passé, de deux tables rondes et d'un certain nombre de chaises. Elevé à un mètre du sol, à cause des inondations du fleuve, ce pavillon présente sept grandes fenêtres cintrées, séparées par des colonnes en pierre de Volvic, avec un long balcon donnant sur l'Allier.

Vichy possédait encore un couvent de Capucins dont Claude Fouet vante la pauvreté et la charité. Leur maison, fondée en 1614, existe encore avec sa chapelle et son vaste enclos. Le tout est situé à l'ouest du grand établissement thermal. Ce couvent servait jadis d'hospice à tous les moines de cet ordre qui venaient chercher la guérison et la santé aux sources du pays.

Cette propriété, heureusement placée, fut vendue pendant la révolution à un habitant de Vichy : un *buveur*, selon l'expression du pays, comprit l'importance de ce beau local, placé à quelques mètres des bains. Il acheta le tout 30,000 francs, dans l'espérance que l'Etat lui en offrirait le double. La spéculation fut heureuse ; l'Etat acquit à haut prix et paya bien. Il donna en location les bâtiments et les jardins à l'infatigable M. Brosson père, qui, par sa fabrication de bi-carbonate de soude et son excellente eau gazeuze, donna aux eaux de Vichy une immense renommée.

SOURCES DE VICHY.

On en compte sept aujourd'hui, en y comprenant celle du puits artésien. Elles appartiennent toutes à l'Etat, la dernière exceptée. Toutes sont chaudes ou thermales, une seule fait exception, c'est la source des Célestins.

Les Romains surent, comme nous, apprécier les eaux de Vichy. Ils y élevèrent quelque établissement, comme l'attestent des médailles et quelques vestiges de construction.

Depuis les nouvelles analyses chimiques

de ces eaux, on a reconnu qu'elles différaient en propriétés, comme elles diffèrent en volume et en température.

Toutes sont limpides, plus ou moins gazeuses, alcalines et d'une saveur aigrelette qui est due au bi-carbonate de soude qui y domine et en fait la partie principale. Leur bouillonnement a pour cause, non la chaleur, mais le gaz acide-carbonique. Comme il cesse d'être comprimé, il se dilate librement à l'air.

La composition à peu près identique, de toutes ces sources, est maintenant bien connue. La substance la plus abondante est:

1° Le bi-carbonate de soude ou l'union d'une grande quantité d'acide carbonique avec la soude. Ce sel, fondant, et dissolvant de sa nature, alcalise les divers fluides avec lesquels il est en contact, les rend moins épais et plus coulans. Il augmente les sécrétions, dissout les concrétions albumineuses et urinaires, agit puissamment sur l'estomac et le tube intestinal; vient ensuite :

2º L'hydrochlorate de soude (sel de nos cuisines); il stimule, tout le monde le sait, les organes de la digestion, favorise la nutrition. L'expérience de chaque jour prouve son heureuse influence sur l'économie de l'homme, des animaux et des végétaux;

3º Le sulfate de soude, sel de glauber des pharmaciens, est un purgatif doux, un léger diurétique;

4º Le carbonate de magnésie, en petite quantité, absorbe, neutralise l'acidité des voies digestives et purge légèrement;

5º Le carbonate de chaux, qui tient tant

de place dans la nature, doit jouer un faible rôle dans les eaux de Vichy ;

6° L'oxide de fer, par ses propriétés toniques, astringentes, raffermit les membranes muqueuses et produit d'heureux effets dans l'atonie des organes, dans la leucorrhée, la chlorose, etc.;

7° La silice entre pour si peu de chose dans les eaux minérales, qu'il est difficile d'affirmer qu'elle les modifie et qu'elle concourt à leurs propriétés curatives.

Tel est l'ensemble des matières qui constituent les eaux de Vichy. D'où viennent leurs vertus perturbantes, sédatives et si éminemment agissantes dans certaines affections? Est-ce du mélange de ces substances dont la nature propre et l'effet particulier nous sont connus? Est-ce de leur union avec le gaz acide-carbonique que les anciens chimistes saluaient du nom de *principe volatil des eaux?* Faut-il enfin chercher la cause de leurs propriétés dans cette matière verdâtre, glaireuse (glairine) qui surnage dans les eaux thermales ? La chimie, comme les sciences naturelles, doit avoir ses bornes : *Usque hùc venies, et non procedes ampliùs.*

Concluons, sans crainte d'être démenti, qu'il existe dans ces eaux un principe inconnu qu'il faut admettre sans pouvoir l'expliquer.

SOURCE DU PUITS CARRÉ.

Située dans l'Etablissement thermal, dans le milieu de la galerie du nord, et contenue jadis dans un bassin carré, aujourd'hui elle est dans une cavité arrondie, au-dessous du sol; à son centre est un gros tube évasé au sommet; c'est là que bouillonne cette source abondante, la plus chaude de toutes. Elle a 46° de chaleur, et donne 172 mètres cubes en vingt-quatre heures. On ne la prend pas en boisson; mais elle alimente presque seule les bains et les douches de l'établissement.

SOURCE DU PETIT PUITS CHOMEL.

Elle doit son nom au docteur Chomel, parce qu'elle fut découverte en sa présence en 1775, lors de la fondation des bains. Elle est à quelques pas de la précédente et jaillit dans un vase de marbre blanc. Sa température est de 41°; elle laisse dégager des bulles de gaz acide-carbonique. On vante ses bons effets dans les gastralgies, les affections de poitrine et d'estomac ; on la prend pure ou mêlée avec du lait ou de l'orgeat.

SOURCE DE LA GRANDE GRILLE.

Parcequ'elle est gardée par une grande grille en fer. Chaude à 34° et très-abondante, elle est la piscine où viennent puiser les malades et ceux qui ne le sont pas. Ses eaux sont recueillies dans un bassin octogonal, à hauteur d'appui, semblable à la margelle d'un puits de village ; elles se conservent bien et s'expédient au loin. Son action se fait sentir dans tout l'organisme, pénètre dans toutes les anfranctuosités de la poitrine et de l'appareil digestif, fond les engorgements de la rate et du foie, fait cesser les dyspepsies, les flatuosités, etc.

SOURCE DE L'HOPITAL.

—

Cette source, placée sur la place Rosalie, en face de l'hôpital, est contenue dans un vaste bassin circulaire à hauteur d'appui, auquel on arrive en montant trois degrés. Elle est entourée d'une belle grille en fer garnie d'un treillis en fil d'archal, et couverte d'un large chapeau en zinc. Le surplus de ses eaux est dirigé dans un bâtiment voisin, qui est une succursale du grand établissement, par ses bains, sa piscine et ses douches, et dans l'hôpital qui en fait usage pour ses malades.

Très fréquentée, et à juste titre, elle montre son efficacité dans les maladies des glandes, dans l'empâtement de la rate et du pancréas, les engorgements des ovaires; elle active la digestion, fortifie l'estomac, ranime le teint des malades affectés d'istérie ou de jaunisse.

Sa température est de 33°, et fournit en 24 heures 56 mètres cubes de liquide. C'est à sa surface que surnage en quantité cette matière mince, transparente, irisée, verdâtre que l'on appelle *Glairine*.

SOURCE LUCAS.

Celle-ci est hors de l'édifice thermal, sur le chemin de Cusset. Elle est cachée dans une barraque en planches. Chaude à 29°, elle contient de l'hydrogène sulfuré. On l'appelle la fontaine *des Galeux*, parce que ses eaux sont employées dans les affections cutanées. Elles irritent l'estomac; aussi ne les boit-on que mêlées à la gomme ou au lait.

Elle doit son nom au docteur Lucas, Inspecteur des eaux sous la Restauration.

SOURCE ARTÉSIENNE.

Connue depuis cinq ans, elle occupe la partie *est* du clos des Célestins, et n'appartient pas à l'État. Elle est reçue dans un bassin en pierre, couvert d'une cloche en verre pour s'opposer à la dissipation du gaz, qui sert à la confection des pastilles de Vichy. Ses eaux sont tout à la fois ferrugineuses, alcalines et gazeuses ; par conséquent, elles excitent l'appétit, facilitent les digestions, enlèvent les aigreurs de l'estomac, en saturant les acides des voies digestives.

SOURCE DES CÉLESTINS, OU DU ROCHER.

Au sud de l'emplacement des Célestins, à 50 mètres de l'Allier, elle sort de la base d'un rocher, ce qui lui a valu l'un de ces noms. Fraîche, aigrelette, pétillante, elle est la plus riche en substances salines, et en gaz acide carbonique.

Elle jouit d'une réputation méritée dans

les maladies de reins, de la gravelle, du calcul et les concrétions goutteuses; le docteur Petit, que recommande sa longue expérience sur les eaux de Vichy, en a démontré les merveilleux effets dans ces diverses affections. On peut s'en convaincre par les divers rapports qu'il a publiés, et où l'expérience a prononcé sans appel.

Aussi, y a-t-il foule à cette source. Dès les cinq heures du matin, on voit arriver clopin clopant Messieurs les goutteux, race dodue, au teint fleuri, décorés de bâtons, de béquilles, et de croix d'honneur, tous *atteints et convaincus* de concrétions dans les articulations, par suite d'un long usage d'aliments succulents, trop animalisés.

Rien n'est curieux et mobile comme cette foule, fournie par tous les départements de la République, accourant aux diverses sources de Vichy. Chaque source a ses buveurs et ses grognards; chaque nymphe, ses prôneurs, ses adorateurs, selon le genre de maladies qu'elles doivent soulager et guérir. Pauvres et riches, savants et ignorants, jeunes et vieux, tous accourent, se mêlent, se démêlent, se pressent, vont et viennent, cherchant le premier des biens ici-bas, la santé sans laquelle fortune, esprit, beauté sont peu de chose. « *Mens sana, in corpore sano !*

COMPOSITION CHIMIQUE
Des diverses sources minérales de Vichy, d'après M. LONGCHAMP.
(1825).

SUBSTANCES contenues par litre.	SOURCES.						
	des Célestins.	grand Bassin.	grande Grille.	de Chomel.	des Acacias.	de Lucas.	de l'Hôpital.
Acide carbonique...	gr 1,1145	gr 1,0599	gr 0,9435	gr 0,9898	gr 1,2862	gr 1,0702	gr 0,9794
Carbonate de soude..	5,3240	4,9814	4,9814	4,9814	5,0513	5,0363	5,0513
— de chaux..	0,6105	0,3429	0,3498	0,3496	0,3668	0,3005	0,3223
— de magnés.	0,0725	0,0866	0,0849	0,0852	0,0972	0,0970	0,0931
Muriate de soude...	0,5790	0,5700	0,5700	0,5700	0,5426	0,5426	0,5426
Sulfate de soude....	0,2754	0,4725	0,4725	0,4725	0,4202	0,3933	0,4202
Oxyde de fer......	0,0089	0,0066	0,0029	0,0031	0,0170	0,0029	0,0020
Silice...........	0,1131	0,0726	0,0726	0,0721	0,0810	0,0413	0,0478

ÉTABLISSEMENT THERMAL.

Il fallait à ces eaux un édifice en rapport avec leur quantité et leur qualité. Longtemps négligées, abandonnées, plusieurs de ces sources n'étaient que de sâles égoûts d'eau chaude, où venait se laver le bétail. Il n'y avait avant la Révolution que l'eau du *Puits carré*, et celle de la Grande Grille qui fussent recueillies dans les étroites limites d'un petit bâtiment que l'on appelait *Maison du Roi*. Cependant, Vichy attirait déjà d'illustres visiteurs; l'éloquent Fléchier le célébra en prose et en mauvais vers, et Mme de Sévigné en donnait une description fort originale à sa fille chérie Mme de Grignan.

Un hazard fort curieux vint bientôt changer l'aspect des lieux et assurer à Vichy un revenu considérable et bien placé.

Deux sœurs du roi Louis XVI, Adélaïde et Victoire, vinrent à Vichy chercher le repos et la santé que ne donne pas le séjour des palais. Enchantées des heureux effets des eaux, et de la beauté du pays, elles résolurent d'élever à ces sources salutaires un monument digne de leur réputation.

J'ai vu, en 1824, les noms des fondatrices que la reconnaissance publique avait fait inscrire au-dessus du portique au nord. La Révolution les avait respectés, parceque la gratitude est une vertu de tous les temps, de toutes les opinions ; parceque la bienfaisance, d'où qu'elle vienne, mérite le respect des hommes. Ces noms ont disparu pour se graver là où l'on ne les effacera pas, dans le cœur et la mémoire de ceux qui viennent demander santé et guérison aux eaux de Vichy.

A la rentrée des Bourbons, la duchesse d'Angoulême vint aux mêmes sources; le pays lui plaisait, et trouvant le bâtiment trop petit pour l'affluence des malades, elle fit changer les plans primitifs, et lui donna plus de développement; elle posa la première pierre de l'édifice actuel en 1814.

Au premier aspect, l'Etablissement Thermo-national est imposant; il a 57^m dans un sens et 76 dans l'autre. Son rez-de-chaussée est composé, sur les faces nord et sud, d'un long péristyle à 17 arcades cintrées; une large galerie les met en communication. Sur les côtés, sont les cabinets pour les bains, les douches et les étuves. Là, se trouvent réunies trois sources : le *Puits Carré*, le *Puits*

Chomel et la *Grande Grille*; elles alimentent seules 104 baignoires, 4 cabinets pour les douches, et 4 étuves pour sécher et chauffer les linges des baigneurs; on peut ainsi distribuer jusqu'à 1,000 bains par jour.

Au premier étage, éclairé par 19 fenêtres cintrées au sud, sont la salle de jeu, la salle de billard, le salon de lecture, et le grand salon pour les bals et concerts.

Il y a encore un petit établissement supplémentaire, créé en 1819. Il est situé sur la place Rosalie, où la source, dite de *l'Hôpital*, entretient 26 baignoires, une piscine, et plusieurs robinets à douches, avec un joli salon d'attente ou de conversation.

PROMENADES.

Les promenades et les distractions sont

l'adjuvant indispensable des eaux, l'une des conditions de leurs bons effets. Le mouvement coopère puissamment aux sécrétions et aux excrétions ; et c'est du rapport de ces deux importantes fonctions que dépendent notre bien-être et notre santé.

Qui ne sait que nos maladies physiques ont souvent pour origine nos affections morales, les longues préoccupations de l'esprit, ou les trop vifs sentiments du cœur. C'est cette double cause qu'il faut éloigner par les distractions des champs, et les charmes indescriptibles de la nature.

Les promenades les plus agréables, à la portée des souffreteux de toute espèce, sont les bords du Sichon, Cusset, la côte de Saint-Amand, Hauterive et Vaisse. Si la marche est trop fatigante, il y a, dans Vichy, un moyen facile de transport; ce sont, indépendamment des voitures de louage, les ânes munis de selles pour homme ou pour femme.

Je dois, en fidèle historien, faire l'éloge des ânes du pays. Ce ne sont pas de ces aliborons galeux, têtus, comme en fournissent les environs de Paris, et qui se permettent de ruer *cum crepitu*, de jeter à terre fort irrévérencieusement les messieurs et les dames; ce sont de véritables ânes, doux, bien élevés, bien peignés, qui savent trotter gracieusement, et galopper au besoin.

SICHON.

Le Sichon est une petite rivière qui coule de l'est à l'ouest, et va perdre ses eaux et son nom dans l'Allier. Elle coule à pleins bords, sous une double ligne d'aulnes et de peupliers d'Italie, encaissée dans un lit de menthes et de pulicaires.

C'est sur sa rive gauche que l'on trouve le petit chemin tortueux qui conduit à Cusset en vingt minutes. Cette promenade, très fréquentée, même au milieu du jour, portait jadis le nom d'*Avenue de Mesdames,* parce que les fondatrices du palais thermal avaient fait commencer les plantations dont nous jouissons aujourd'hui.

Ce frais labyrinthe est animé par plusieurs moulins avec leurs roues à palettes d'un grand diamètre, et par une luxuriante végétation. C'est le houblon grimpant, avec ses chatons écailleux, la douce-amère, balançant ses petites fleurs violettes et ses baies, vertes d'abord, puis rouges à leur maturité. Ici, la salicaire dresse ses épis de fleurs rouges ; là, le liseron des haies étale ses grandes cloches blanches comme des lys ; à droite, ce sont des terres cultivées, des vergers avec leurs fruits, de petits jardins décorés de leurs fleurs agrestes. A gauche, au-delà du Sichon, s'étendent de vertes prairies qui fuient sous les arbres, et qu'arrosent de nombreux petits ruisseaux, qui sortent en murmurant du lit de la rivière.

Près de Cusset, qu'annonce un grand bâtiment destiné à fabriquer du papier, on trouve à gauche une source d'eau acidule-ferrugineuse, qui laisse sur ses bords un dépôt rougeâtre d'oxyde de fer. Elle a pour gardienne une pauvre femme en chapeau de Bourbonnaise ; elle a fondé son revenu sur la générosité de ceux qui saluent sa nymphe et boivent de ses eaux.

A l'extrémité de cette allée, le Sichon passe sous un pont de pierres à plein cintre, et coule sur de larges dalles calcaires; c'est à ce point qu'aboutit la route nouvelle qui amène les promeneurs à Vichy.

CUSSET.

Cusset, petite ville de plus de 5,000 habitans, est chef-lieu de canton, avec tribunal de première instance. Elle est composée de deux parties distinctes : la *vieille ville*, caractérisée par son église anormale, sans style architectural, ses rues tortueuses, mal pavées, sa place d'armes très irrégulière, ses boutiques basses, obscures et mal aérées.

Cet antique noyau est enveloppé par de

belles promenades circulaires, à hauts platanes, et d'une double ligne de jolies maisons dans le goût moderne; tel nous a paru Cusset : c'est une vieille femme avec la ceinture d'une jeune fille.

Cusset date du IXe siècle, et doit son origine et son accroissement au couvent de filles nobles qu'y établit en 890 un évêque de Nevers. Ce ne fut qu'en 1236 qu'il fut érigé en abbaye, avec force privilèges plus ou moins bizarres; la supérieure avait droit d'élire les chantres et les chanoines de Notre-Dame, et de prendre place au chœur parmi ces messieurs ; il a fallu la révolution de 89 pour en finir avec tous ces abus.

Au tour du noble monastère, s'éleva, comme d'habitude, un village; les vilains avaient besoin de défenseurs, et ne trouvaient de sécurité qu'en s'humiliant devant les seigneurs, qu'en s'abritant sous les murs des monastères. Quand le village eut ses tours, ses fossés, ses murailles et ses portes hersées, ce fut une ville, un point de résistance aux châtelains du voisinage.

C'est à Cusset que le malheureux Charles VII fit la paix avec son fils, le sournois et dissimulé Louis XI, et avec le *chier sire* duc de Bourbon, prince insubordonné, qui se soumit par la raison qu'il n'était pas le plus fort.

Louis XI se souvint de Cusset, en fit une place fortifiée, relevant à jamais de son autorité royale : bien lui en prit ; car, lors de la révolte des seigneurs du Bourbonnais, de l'Auvergne et du Berry, Cusset tint bon et resta fidèle à son protecteur.

Le temps qui dévore tout, même les rois,

a passé sa faulx sur les fortifications de Cusset, transformées aujourd'hui en paisibles habitations bourgeoises, en bons jardins potagers. Cette ville possède un collége communal, mais non de plein exercice, que l'autorité locale a sagement mis en régie sous la direction d'un principal, qui a donné quelque réputation à cet établissement.

L'hospice actuel date de 1706. Hors de la ville, bien aéré et sagement administré, il se recommande par sa bonne tenue et le zèle des médecins chargés du service des malades; il est desservi par huit sœurs de l'ordre de Saint-Vincent-de-Paule.

La caisse d'épargnes de Cusset doit son origine à la munificence du conseil municipal, qui, en 1835, fit une première mise de 3,000 fr.; le conseil général y ajouta 1,000 fr., et cette petite dotation s'accroît chaque année des petites retenues que l'on fait aux déposants.

Une salle d'asile où l'on reçoit 175 enfants, sous la direction de deux sœurs de charité, prouve la sagesse des administrateurs de Cusset.

COTE DE SAINT-AMAND.

Elle limite l'horizon de Vichy, au levant. Il faut épier le vent du nord, ou attendre un abaissement de température, pour faire agréablement cette petite excursion.

On peut aller en voiture jusqu'à l'entrée du village d'Abrest, par la belle route de Nîmes ; un sentier fort étroit, au milieu des vignes, conduit en vingt minutes au sommet de la côte. La vue embrasse toute la limagne d'Auvergne ; au sud, l'horizon est profondément découpé par le Puy-de-Dôme, et la chaîne des montagnes volcaniques qu'il semble tenir sous sa domination. Un peu à gauche de ce panorama, dans une atmosphère nébuleuse, se dessinent les sommités des Monts-Dores, dont le puy de Sancy, à 1888 mètres d'élévation, occupe la partie la plus élevée.

L'immense plaine qui se déroulait devant nous, était bigarrée comme une grande carte cadastrale par le vert des prairies, le gisement irrégulier des forêts, et les longues bandes jaunes des terres cultivées. L'Allier se tortillait comme un serpent dans la vallée, se montrant, se cachant, pour reparaître encore dans un lointain indéfini. Des masses isolées de saules à hautes tiges, de longues lignes d'aulnes et de peupliers limitent ses capricieux écarts. Des îles nombreuses, de grands plateaux de sable et de galets annoncent la largeur de son lit, et la puissance de ses eaux pendant la saison des pluies.

A l'orient de cet immense bassin, s'étend la série irrégulière des montagnes du Forez, couronnées de sapins, aux croupes saillantes et rentrantes, aux vallées profondes éclairées par le soleil ou perdues dans l'ombre; à nos pieds, sur la rive droite de l'Allier, se cachait sous les arbres le charmant village d'Abrest, et sur la rive gauche, Hauterive, remarquable par ses sources minérales qui peuvent rivaliser avec celles de Vichy.

A la droite, dans la plaine, Vichy semblait étouffer dans les arbres qui nous cachaient ses hôtels, ses bains et son église; sa vieille tour dominait seule ce lit de verdure, et nous rappelait qu'elle servait de vigie au temps de la féodalité ; au sud-ouest, se montraient les lignes aériennes du pont suspendu de l'Allier, le clocher de Vaisse, et la côte occidentale que coupe en ligne droite la route de Gannat.

Je croyais trouver quelques plantes rares sur le plateau calcaire de Saint-Amand, je ne rencontrai que les espèces vulgaires de la plaine, excepté la campanule glomérée et le buplèvre en faucille ; le sommet de la montagne est en pleine culture, et rien n'est laissé à la spontanéité végétale : l'état de la nature cesse là où se montrent la bêche, la herse et la charrue.

HAUTERIVE.

Le chemin qui conduit à Hauterive, par la gauche de l'Allier, est à découvert ; c'est une promenade qu'il ne faut faire que lorsque le ciel est nuageux. Le sol est un sable fin, mêlé de gravier, fatigant pour les promeneurs.

On traverse le pont de Vichy, et, sur sa gauche, se trouve l'entrée du chemin fort monotone qui se termine à Hauterive. La végétation offre partout les mêmes plantes, parmi lesquelles je dois citer de belles touffes de Saponaires, quelques pieds de Lampourde (*Xanthium Strumarium*) et de Pommes-Épineuses *(Datura Stramonium)*.

Quand on a dépassé l'humble et pauvre église d'Hauterive, qu'on laisse à droite, on entre dans une plantation de mûriers; une grande allée à bordures de fleurs, dirige l'étranger au très modeste bâtiment qui renferme les eaux minérales. Le terrain et les sources sont la propriété de M. Brosson, qui le premier comprit quel parti on pouvait tirer du gaz qui s'échappe des sources, pour la préparation artificielle de l'eau dite de *Seltz* et la confection des pastilles de Vichy.

L'eau est froide, gazeuse, alcaline, semblable à celle des Célestins, pour les propriétés physiques et chimiques; elle produit les mêmes effets, et est indiquée dans les digestions laborieuses, les flatuosités, les affections viscérales chroniques, les maladies des reins et de la vessie.

Ces sources précieuses ne sont pas fréquentées, parce qu'il n'y a ni logement pour les malades, ni médecin pour les diriger.

Pour ne pas revenir par la même voie et imiter les Mages, qui s'en retournèrent *per alteriam viam*, il faut longer le bord du fleuve. On trouve un batelier en permanence, qui transporte les curieux sur l'autre rive; là est le village d'Abrest, qui s'étend comme un lézard au soleil du midi. On tombe sur la grande route de Nîmes, qui se déroule entre l'Allier et la base de la cote de Saint-Amand, et conduit à Vichy.

VAISSE.

Une promenade peu fréquentée, et cependant des plus agréables, à quelques centaines de mètres de Vichy, est celle que j'ai faite le 16 août 1848, en allant à Vaisse.

Ce petit village, au sud ouest, sur la gauche de l'Allier, est placé sur un tertre légèment incliné vers l'orient, et très fertile. On franchit le pont en suivant la route de Gannat ; après dix minutes de marche, on entend à gauche, à dix mètres de la route, le bruissement isochrone d'une source minérale. Elle est cachée dans une mauvaise maisonnette en planches et fermée à clé. La gardienne vous a vu, et poussée par un intérêt que l'on prendrait volontiers pour de la complaisance, elle vous apporte un verre et la clé.

Cette source, l'une des plus curieuses du pays, appartient encore à M. Brosson, qui l'a obtenue, il y a deux ans, en faisant percer un puits artésien de 400 pieds de profondeur. L'eau est contenue par un tube d'un mètre de hauteur, courbé à son extrémité pour arrêter la hauteur du jet. Le liquide s'échappe avec force, et par saccades; c'est le mouvement du sang artériel, et le bruit du lait quand on trait les vaches.

Cette eau, peu connue, a le goût et la température de celle de la Grande Grille. Elle dépose une grande quantité de carbonate de chaux sur tous les corps qu'elle atteint. Deux tuiles étaient réunies par une couche de ce sel et un vieux balai *pétrifié* ressemblait à la massue d'Hercule.

A quelques pas plus loin, la route se bifurque ; l'une conduit à Gannat, l'autre, beaucoup moins large, à Vaisse.

La cure de ce village est bâtie sur le prolongement de l'axe de l'église, et occupe la place ordinaire du porche. Le cimetière, orné d'une belle tombe en marbre blanc, est remarquable par la vigueur de sa végétation, par l'exubérance du Lychnis dioïque, de l'Alchemille rose, de la Bardanne, et surtout de l'*Onopordon Acanthium*, qui atteint plus de huit pieds d'élévation.

L'église, petite et pauvre, n'avait, il y a cinq ans, qu'un petit clocher en bois, semblable à une cage à poulets. En 1843, la commune, qui compte 950 habitans, fit élever sur le milieu de l'église une *tour carrée*. Sur sa plate-forme s'élève, à 30 pieds, une pyramide quadrangulaire, couverte en ardoises, terminée par son coq et décorée d'un drapeau tricolore.

C'est de cette plate-forme, où l'on monte facilement, que l'on jouit du plus beau point de vue du pays, en exceptant la côte de Saint-

Amand. L'œil embrasse tont le bassin de Vichy, sa tour, ses bains, ses hôtels; et saisit circulairement Hauterive, le haut coteau de Saint-Amand, Abrest, les montagnes de Cusset; au nord, Charmeille; et au couchant, la haute tour de Rollat.

J'engage les promeneurs à visiter Vaisse; on revient par un petit chemin couvert, reprendre la route de Gannat, pour rentrer à Vichy.

CONSEILS
THERMOPOTES DES DEUX SEXES,

Je veux vous faire profiter de l'expérience sérieuse que j'ai faite aux eaux de Vichy. Si ses sources précieuses ne produisent pas les heureux effets que vous en attendez, il faut en chercher la cause dans vos écarts de régime, et l'infraction des lois hygiéniques.

Leur *saison* s'étend du 15 mai au 15 septembre, ni plus tôt, ni plus tard. La chaleur détermine alors des sueurs abondantes, les pores s'ouvrent, et la surface cutanée est plus perméable à l'action médicinale des bains.

Si, après 20 à 25 jours de traitement, de saturation alcaline par les bains et les boissons, vous ne sentez pas l'effet des eaux; s'il n'y a pas amélioration dans votre état pathologique, partez; les eaux vous feraient plus de mal que de bien.

Ne vous gorgez pas d'eau minérale, croyant que votre guérison est en raison de la quantité que vous versez dans votre tube digestif; n'abusez pas des bains en les prenant trop chauds ou trop souvent, ou trop chargés de principes minéralisateurs; prenez-les de préférence au milieu du jour.

Suivez les conseils de votre médecin, ayez foi dans son expérience, et ne vous permettez pas de changer capricieusement ses ordonnances.

Levez-vous de grand matin, pour aller à jeun boire à la source qui vous a été indiquée; promenez-vous entre chaque verre, pour que l'eau passe mieux, et que son absorption soit plus complète.

N'imitez pas certains malades qui courent au bain dès le point du jour, en bravant la fraîcheur du matin; si le temps est pluvieux et froid, restez chez vous. Choisissez le milieu des beaux jours, pour ne pas perdre, par l'impression du froid sur la peau, les bons effets de votre immersion dans l'eau chaude des sources..... puis...., surtout habillez-vous chaudement le matin, car l'air est froid à Vichy, à cause de la proximité du fleuve et de ses émanations aqueuses. Ne prenez de vêtements légers qu'après le déjeuner; l'air plus pur, et votre estomac satisfait, développeront en vous une plus grande quantité de calorique.

Garantissez-vous, le soir, de l'humidité du pays; gardez-vous bien de passer, comme tant d'autres votre soirée sous les arbres de la promenade, où règne une humidité saisissante.

Laissez faire les *beaux* et les *belles* qui, dans l'intérêt de leur vanité, sacrifient leur santé à l'éclat de leur toilette, en restant jusqu'à neuf et dix heures assis, immobiles dans les basses allées du parc.

Buveurs et buveuses, vous habitez de brillants hôtels, où, deux fois par jour, on vous sert des mets variés, des viandes de haut goût, des sauces fortement épicées, des fruits acides, etc. L'air et les eaux de Vichy vous donnent un appétit que vous voulez satisfaire; le voisin vous pousse, la voisine vous excite à manger : là est la cause de la nullité du traitement que vous êtes venus subir;

vous perdez tout le bénéfice des eaux ; vous entretenez, si vous n'augmentez pas les phlegmasies chroniques de l'estomac, des viscères et des glandes.

Si vous ne vous sentez pas la force de résister aux sollicitations de vos commensaux, mangez seuls, et demandez des aliments convenables à votre position.

N'allez pas vous imaginer que vous vous médicamentez, en mêlant à votre vin une certaine quantité d'eau minérale. Vous n'avez qu'une boisson aigrelette, qu'une limonade pétillante, et rien de plus; l'acidité du vin neutralise les principes alcalins, qui sont précisément la base précieuse des eaux de Vichy.

J'ai vu et bien vu des gens atteints de colites anciennes, de gastralgie, de gastro-entérites chroniques, d'hépatites, de dysurie, etc., buvant et mangeant comme des commis-voyageurs en goguette.

Oui, par votre intempérance, par vos imprudences, vous compromettez tout à la fois votre santé et la réputation si bien méritée des eaux de Vichy; vous perdez votre temps et votre argent, deux choses qu'il ne faut pas dépenser mal-à-propos.

FIN.

MES ADIEUX A VICHY.

Salut, mon aimable Vichy, avec tes sept nymphes gazeuses, ta verdure, ta population fugitive et ton année de quatre mois.

Salut, petit Paris de l'Allier, par ton palais thermal, ton frais Elysée, tes équipages, tes hôtels, tes bals et tes concerts!

J'aime tes visiteurs venus des quatre points cardinaux de la République, et tes élégantes malades au teint pâle, que réunit la même table, que rassemble le même salon et qu'émeut la même harmonie.

Il y a une invincible expansion entre les étrangers que la

maladie égalise, que le besoin commande et que l'isolement rapproche.

La table est une puissance civilisatrice qui a le singulier privilège d'effacer les distances qui séparent les hommes, en fait des castes distinctes et souvent hostiles.

A la table d'hôte, c'est le règne de l'égalité sous la tutelle des convenances et de la politesse.

Que d'amitiés contractées en quelques jours, que d'intimité entre des personnes qui se voyent pour la première fois, et qui probablement ne se reverront jamais !

Cela prouve que l'homme est éminemment sociable, et que l'isolement est contre sa nature. S'il était destiné à vivre seul, que lui serviraient la pensée, la parole et cet insurmontable besoin de dire ses peines, ses joies, ses amours, ses désirs et ses espérances ?

Adieu, mon gentil Sichon, toi qui coules si paisiblement dans ton lit de menthes, d'épilobes et d'Iris, sous ton double rideau de vernes et de peupliers! Que de pensées m'ont occupé sur tes bords, que d'aspirations j'ai confiées à tes berceaux de verdure !

Que j'aimais l'humble hameau de la côte, et sa rustique église où je me recueillais un instant, en resaisissant ma personnalité, loin du fracas du monde et des passions qui agitent la société !

Quand donc serons-nous les enfants d'une même famille, les fils d'un même père, les défenseurs des mêmes intérêts dans la même patrie ?

Faut-il renoncer à mes rêves d'union, de paix et de concorde ? Faut-il désespérer de la race humaine ?

Adieu, mon Vichy ; je te quitte avec regret, je te reverrai avec plaisir. J'y retrouverai d'heureux souvenirs, et peut-être la réalisation de bien des espérances !

Vichy, le 22 *août* 1848.

BROSSARD.

Impr. et lith. de Mme Jourdain, à Cusset.

www.ingramcontent.com/pod-product-compliance
Lightning Source LLC
Chambersburg PA
CBHW070250100426
42743CB00011B/2213